OUS SAVIEZ QUE VOUS
IEZ RETROUVER VOTRE
OMPAGNE LE SOIR ?
ET T'AS DIT QUOI ?
BEN... QUE ÇA N'A RIEN À VOIR
T'ÉTAIS AMOUREUX DE NOÉMIE ?
BEN... JE PENSE OUI.
PRIMAR.
C'EST PAS PLUS NUL QUE DE S'ACHETER UN TOURNE-DISQUE
ON NE DIT PLUS TOURNE-DISQUE. ON DIT PLATINE
EN FAIT JE VIENS VOUS VOIR PARCE QUE JE NE BANDE PLUS.
ENVOYE !
C'EST IRMA. TROIS SEMAINES QU'ON NE S'EST PAS VUS. MON FILS EST CHEZ SA MÈRE DEMAIN.
JE M'EN SERS DE MA PLATINE
T'AS DEUX PAUVRES 33 TOURS DES STOOGES ET DE DEEP PURPLE MATHILDE. ME DIS PAS QUE TU T'EN SERS.

SEXOLOGIE

UN PHOTO-ROMAN* DE MAURICE BARTHÉLEMY

Michel LAFON

QUELQUE PART DANS PARIS...
VOUS ÊTES MONSIEUR LEDIEU. JE VOUS ATTENDAIS.

AH NON... MON NOM C'EST PRIMAR. ALEX PRIMAR.
NOUS AVIONS RENDEZ-VOUS ?
HEU OUI... JE PENSE.
ON S'EST EU AU TÉLÉPHONE, IL Y A UNE SEMAINE ET...
VOUS M'AVEZ DIT DE VENIR AUJOURD'HUI
ICI C'EST LE CABINET DE PSYCHOTHÉRAPIE. PEUT-ÊTRE QUE VOUS CONFONDEZ AVEC LA PORTE D'EN FACE : LE VÉTÉRINAIRE.

J'SUIS PAS UN CHIEN...
VOUS ÊTES BIEN MADAME SCHUMACHER ?
OUI !
ALORS C'EST BIEN ICI QUE J'AI RENDEZ-VOUS.
JE NE M'EN SOUVIENS PAS.
JE ME SUIS PEUT-ÊTRE TROMPÉ DE JOUR.
ENTREZ.
MERCI.

QUE PUIS-JE FAIRE POUR VOUS MONSIEUR LEDIEU ?
PRIMAR.

EN FAIT JE VIENS VOUS VOIR...

...PARCE QUE JE NE BANDE PLUS.

C'EST À DIRE ?
BEN... JE NE BANDE PLUS.
VOUS SOUFFREZ D'UN PROBLÈME D'ÉRECTION.
SCRUITCH, SCRUITCH
OUI. JE NE BANDE PLUS. C'EST GROSSO-MODO LA MÊME CHOSE.
ET C'EST UN PROBLÈME RÉCENT ?

J'AI PAS DIT QUE C'ÉTAIT UN PROBLÈME, NI QUE J'EN SOUFFRAIS.
ALORS POURQUOI VENIR ME VOIR ?
POUR TROUVER UNE SOLUTION.
ÇA N'IMPLIQUE PAS FORCÉMENT QUE C'EST UN PROBLÈME ET QUE J'EN SOUFFRE.
HUMMM... JE VOIS.
SCRUITCH, SCRUITCH
1 AN ET DEMI. ÇA FAIT 1 AN ET DEMI QUE JE NE BANDE PLUS. ÇA S'EST ARRÊTÉ D'UN COUP.

SUITE À UN ÉVÉNEMENT PARTICULIER ?
NON. JE NE CROIS PAS.
AVANT JE N'AVAIS AUCUN PROBLÈME POUR BANDER. IL M'ARRIVAIT MÊME DE ME BRANLER UNE OU DEUX FOIS DANS LA JOURNÉE...
ET JE BANDAIS ENCORE LE SOIR QUAND JE FAISAIS L'AMOUR AVEC MA NANA.
HUMMM... JE VOIS.

FAIT MAISON
HOMEMADE
ET ELLE T'A RÉPONDU QUOI ?
UN TRUC DU GENRE, POURQUOI VOUS MASTURBER PLUSIEURS FOIS DANS UNE JOURNÉE...
...SI VOUS SAVIEZ QUE VOUS ALLIEZ RETROUVER VOTRE COMPAGNE LE SOIR ?
ET T'AS DIT QUOI ?
BEN... QUE ÇA N'A RIEN À VOIR.
T'ÉTAIS AMOUREUX DE NOÉMIE ?
BEN... JE PENSE OUI

?!
TU M'ÉCOUTES ?
PAS MON GENRE...
MAIS ELLE A UNE CANNE...
ÇA M'EXCITE.

QUELQUES JOURS APRÉS...
TIENS ?
TOI, TU FERAS UN PARFAIT JB.
ET TOI... TU SERAS MATHILDE.
ALEX IMAGINE CE QU'ILS SE DISENT...
MAIS POURQUOI TU VEUX T'ACHETER UN THERMOMIX JB ?
C'EST NUL COMME ENVIE !

C'EST PAS PLUS NUL QUE DE S'ACHETER UN TOURNE-DISQUE.
ON NE DIT PLUS TOURNE-DISQUE, ON DIT PLATINE.
ALORS : C'EST PAREIL, NO ? LE THERM IX AU MOINE JE M'EN SER IRAI
ON COEUR
JE M'EN SERS DE MA PLATINE !
T'AS DEUX PAUVRES 33 TOURS DES STOOGES ET DE DEEP PURPLE MATHILDE. ME DIS PAS QUE TU T'EN SERS.

ON NE DIT PAS 33 TOURS. MAIS VINYLE.
JADORE. L'IDÉE C'EST DE TROUVER DES NOUVEAUX MOTS À DES TRUCS RINGARDS POUR ÉVITER DE FAIRE RINGARD.
C'EST TOI LE RINGARD JB.
J'CROIS PAS QU'ELLE S'APPELLE MATHILDE.

NON ?
NON, JE CROIS PAS NON.
ELLE N'A PAS UNE TÊTE DE MATHILDE. LES MATHILDE NE SONT PAS BLONDES.
VOUS AVEZ L'AIR DE VOUS Y CONNAÎTRE EN MATHILDE.
PAS PLUS QUE ÇA...
JUSTE QU'ELLE NE FAIT PAS MATHILDE.
ON EST PLUS SUR UNE NOÉMIE.

AH NON. NOÉMIE J'EN AI PRATIQUÉ UNE IL Y A QUELQUES TEMPS.
RIEN À VOIR.
ALORS UNE SARA. MAIS SANS « H ».
POURQUOI SANS « H » ?
CEST ELLE QUI L'A VIRE. ELLE TROUVAIT ÇA TROP COMMUN.
HUM... EN MÊME TEMPS QUAND TU TE PRÉSENTES, TU DIS RAREMENT : BONJOUR JE M'APPELLE SARA SANS « H ».

OUI MAIS C'EST SA COQUETTERIE POUR AVOIR LE SENTIMENT DE SE DÉMARQUER DES AUTRES SARAH.
OK.
JE ME TROMPE OU VOUS AVEZ UTILISÉ L'EXPRESSION « ON EST PLUS SUR »...
MAISON COEUR
JE NE SAIS PLUS.
TUTULULU !
TUTULULU !
PARDON, MA FILLE.

HOLA CARIÑO.
QUE TAL ?

BIEN Y TU ?

ESTOY BIEN GRACIAS.

LE LENDEMAIN...
DÈS QUE JE ME RETROUVE AU PIEU AVEC UNE NANA.
BAM !
TOUT RETOMBE. ALORS QUE 10 MINUTES AVANT JE BANDAIS COMME UN SINGE.

ET ÇA SE PRODUIT À CHAQUE FOIS QUE VOUS AVEZ UN RAPPORT.
À CHAQUE FOIS QUE JE BAISE, OUI.

VOUS AVEZ UNE PARTENAIRE RÉGULIÈRE OU À CHAQUE FOIS CE SONT DES FEMMES DIFFÉRENTES ?
BEN... DEPUIS MA DERNIÈRE RUPTURE AVEC NOÉMIE... QUI REMONTE À DEUX ANS JE N'AI PAS EU D'HISTOIRE LONGUE.

HUMMM...
ET DEPUIS 1 AN ET DEMI : C'EST CARRÉMENT LA CATA.
APRÈS LA PREMIÈRE NUIT QUI SE PASSE MAL, LES NANAS GÉNÉRALEMENT NE RAPPELLENT PAS.

TOUTES ?
LA PLUPART. CERTAINES ME DONNENT UNE SECONDE CHANCE. MAIS JAMAIS TROIS.
ET CE QUI EST BIZARRE... C'EST QUE JE N'AI AUCUN PROBLÈME À ME BRANLER.
HUMMM...
ZZZZZ...

ZZZ...
ZZZZZ...
ZZZZZ... ZZZZZ...
JE ME BRANLE PARFOIS 5 FOIS PAR JOUR.

DÉSOLÉ.
VOUS NE PARLEZ QU' ESPAGNOL AVEC VOTRE FILLE ?
OUI. ELLE VIT À MADRID.
TU VOIS LE MEC SUR LE BANC JB ? IL EST LÀ TOUS LES JOURS.
CE MEC EST BIEN LOUCHE. J' SUIS À DEUX DOIGTS DE LE SIGNALER AUX FLICS.

THEATRES
THEATRES
CAFE PERE TANGUY

ZZZZZ…
JE ME BRANLE…
LE MATIN AVANT DE ME LEVER.
HUMMM…
RRRR…
LE MIDI…

AU RESTAURANT SOUS LA TABLE : JE ME POGNE.
ET LE SOIR... JE VAIS DANS UN ZOO... ET JE ME BRANLE DEVANT LES PANDAS.
ÇA M'EXCITE LES PANDAS.
RRRR... ZZZZ...

JE LA SENTAIS PARTIR PETIT À PETIT.
MAIS NON ???
MAIS T'AS FAIT QUOI ?
RRRR... ZZZZ...
RRRR... ZZZZ...

ELLE ÉTAIT À QUELLE HEURE TA SÉANCE ?
11H DU MAT'. MAIS BON...
ELLE A LE DROIT D'AVOIR UN PETIT COUP DE MOU, ELLE N'EST PLUS TOUTE JEUNE.
ELLE A QUEL ÂGE ?
JE NE SAIS PAS...
HUM...
JE DIRAIS LA SOIXANTAINE.
JADORE LES VIEILLES !

C'EST UN PEU VIEUX, QUAND MÊME...
PAS DU TOUT.
TOUT À FAIT MON STYLE.
ELLE BOÎTAIT ?
NON.
UN PETIT PROBLÈME DE HANCHE ?
JE NE SAIS PAS. J'AI PAS REMARQUÉ.
J'ADORE QUAND ELLES SE DANDINENT.
RIEN QUI M'EXCITE PLUS QUE ÇA.

C'EST QUOI LE CONTRAIRE DE PÉDOPHILE ?
ELLE EST COMMENT PHYSIQUEMENT ?
BRUNE... BLONDE.
JE NE SAIS PAS...
BRUNE OU BLONDE ? T'ES AU COURANT QUE ÇA N'A RIEN À VOIR ?
J'ÉTAIS PAS EN TRAIN DE LA MATER, J'ESSAYAIS DE LA RÉVEILLER.
ÇA SE TROUVE : ELLE ÉTAIT MORTE.

NON. QUAND JE LUI AI BOUCHÉ LE NEZ : ELLE A RÉAGI.
T'AS PAS FAIT ÇA ???

NON, JE N'AI RIEN FAIT.
RRRR... ZZZZ...

ET LÀ, JE L'AI MORDUE.
NON MAIS POUR DE VRAI ?
ÉVIDEMMENT QUE NON.
POURQUOI TU CROIS QUE JE VAIS VOIR UNE PSY ?
HUM... ET IL S'EST PASSÉ QUOI ?
BEN... ELLE A FINI PAR SE RÉVEILLER.

VOUS AVEZ UN PROBLÈME DE LÉGITIMITÉ.
DISONS QUE JE N'AI PAS ENVIE DE ME RETROUVER DANS DES SITUATIONS GÊNANTES.
COMME QUOI, PAR EXEMPLE ?
COMME... COMME...
COMME LE FAIT QUE VOUS VENEZ DE VOUS ENDORMIR DEVANT MOI ALORS QUE J'ÉTAIS EN TRAIN DE VOUS PARLER DE MES PROBLÈMES D'ÉRECTION. CONNASSE.

MAIS NON !
TU NE LUI AS
PAS DIT ÇA ???
PFFF...

QU'EST-CE QUI VOUS EMPÊCHE DE DIRE CE QUE VOUS AVEZ ENVIE DE DIRE ?
DISONS QUE J'AI PAS ENVIE DE ME RETROUVER DANS DES SITUATIONS GÊNANTES.
COMME QUOI, PAR EXEMPLE ?
JE NE SAIS PAS. ÇA NE ME VIENT PAS À L'ESPRIT.
VOUS AVEZ OUBLIÉ OU VOUS NE VOULEZ PAS VOUS EN SOUVENIR ?
GNA-GNA-GNA !

ÇA. TU NE LUI AS PAS DIT NON PLUS...
NON PLUS.
ET ELLE T'A FAIT PAYER ?
C'EST 80.
VOILÀ.

UN PEU CHER LA SIESTE.
UN PEU, OUI...
J'IMAGINE QUE TU NE VAS PLUS LA REVOIR.
NON. JAMAIS DE LA VIE.

À JEUDi PROCHAiN, MÊME HEURE ?
AU REVOiR.
MERCi.
C'EST ÇA.

T'AURAIS DÛ LUI FILER UN POURBOIRE AUSSI.
JE NE COMPRENDS PAS. T'ES CAPABLE DE LUI RACONTER QUE TU TE BRANLES 5 FOIS PAR JOUR...
...MAIS T'ES INCAPABLE DE LUI DIRE QU'ELLE SE FOUT DE TA GUEULE.
J'EN AI RIEN À FAIRE DE LUI DIRE QUE JE ME BRANLE 5 FOIS PAS JOUR...
...EN REVANCHE J'AI PLUS DE MAL DE NE PAS LUI DONNER UNE SECONDE CHANCE.
C'EST IMPORTANT LES SECONDES CHANCES. VOIRE LES TROISIÈMES...
BONJOUR.
BONJOUR.

TU LA CONNAIS ?!
BEN OUI..
DU TAF ?
OUI
J'ADORE TON MÉTIER !

A LA PLACE St GEORGES
9me ARR
PLACE
St GEORGES
SALON DE THE
CAFE
COCKTAILS
MAIS POURQUOI TU NE LUI DIS PAS QU'UN PSY NE S'ENDORT PAS !
C'EST UNE FAUTE PROFESSIONNELLE !
RESTAURANT_SERVICE C
JE LUI DIRAI LA PROCHAINE FOIS.

JE N'AI PLUS DE PROBLÈME POUR DIRE LES CHOSES QUAND LES GENS SE COMPORTENT MAL AVEC MOI
S'IL VOUS PLAÎT !
C'EST POUR DÉJEUNER ?
NON MERCI...
ON VA JUSTE PRENDRE UN VERRE.
AH BEN... ÇA NE VA PAS ÊTRE POSSIBLE.
LA PLACE SAINT-GEORGES

À CETTE HEURE-CI ON NE SERT QU'À DÉJEUNER.
POURQUOI DONC ?
PARCE QUE C'EST COMME ÇA.
BEN ON VA DÉJEUNER ALORS...

BiP !
TU M'EXCUSES, IL FAUT QUE JE RÉPONDE AU TEXTO.
JE T'EN PRIE, PAS DE SOUCI.
TU TE FOUS DE MA GUEULE…
J'AI ACHETÉ 3 PAQUETS DE SPAGHETTI HIER. CHERCHE.
ENVOYER.
ALEX DICTE SON TEXTO…
MON FILS A DE LA MERDE DANS LES YEUX.
ON SE DISAIT QUOI ?
BiP !

BIP !
BIP !
PARDON, ÇA N'ARRÊTE PAS. C'EST IRMA.
JE NE PEUX PAS CE SOIR...
MAIS MOI AUSSI J'AI TRÈS ENVIE DE T'ATTRAPER CONTRE LE MUR DE TA VÉRANDA. DEMAIN 18H45 ?
ENVOYÉ !
ÇA VA COMMENT AVEC IRMA ?
TROIS SEMAINES QU'ON NE S'EST PAS VUS.
MON FILS EST CHEZ SA MÈRE DEMAIN.

LA SEMAINE SUIVANTE
MOI C'EST ALEX.
MOI C'EST CLARISSE.
HOTEL

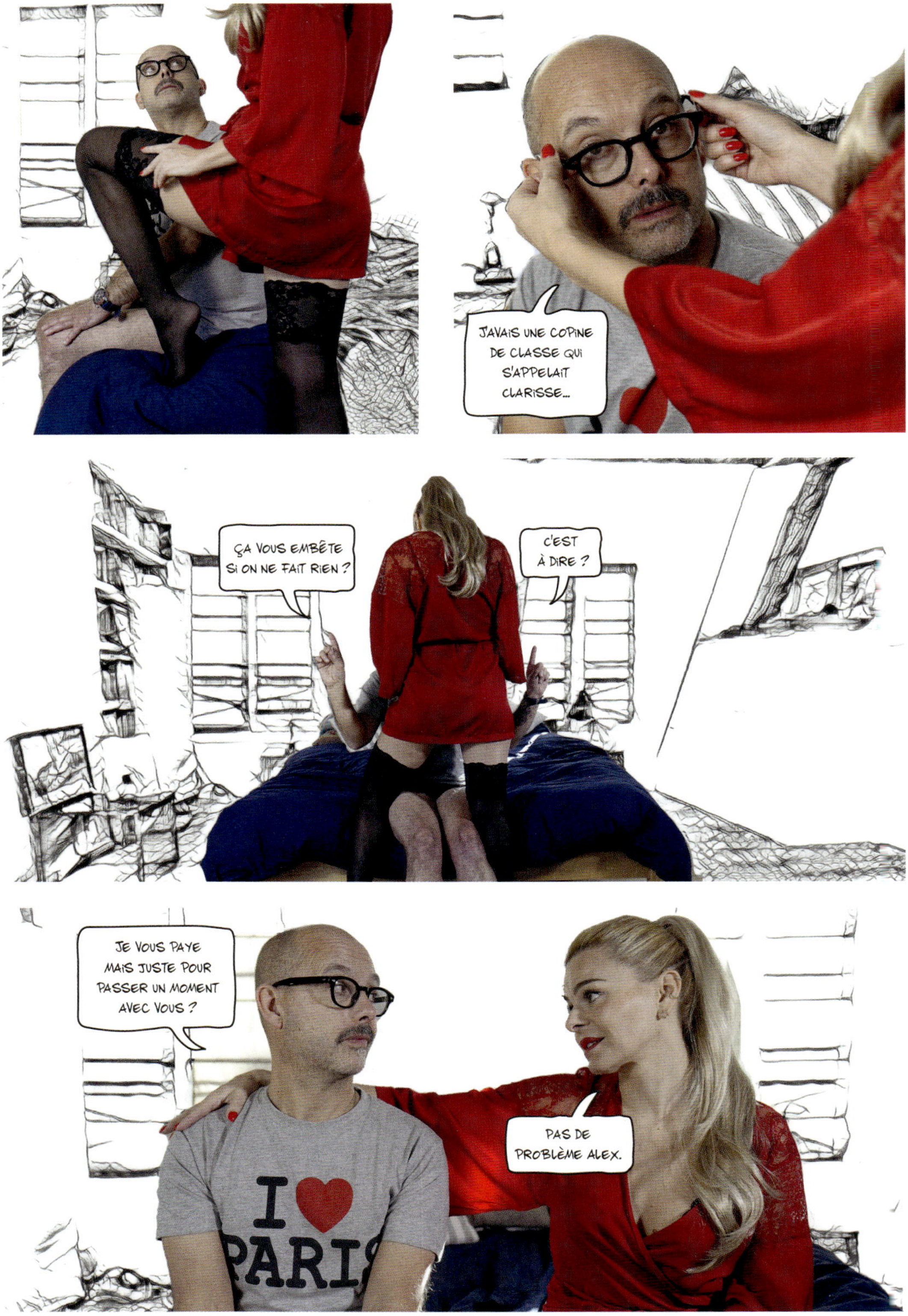
J'AVAIS UNE COPINE DE CLASSE QUI S'APPELAIT CLARISSE...
ÇA VOUS EMBÊTE SI ON NE FAIT RIEN ?
C'EST À DIRE ?
JE VOUS PAYE MAIS JUSTE POUR PASSER UN MOMENT AVEC VOUS ?
PAS DE PROBLÈME ALEX.
I ♥ PARIS

JE ME SUIS DIT QU'EN ALLANT VOIR UNE PRO DU SEXE : ÇA MARCHERAIT.
MAIS ÇA NE MARCHE PAS.
NON. APPAREMMENT.
C'EST COURANT.
JE SAIS...
VOUS LEUR DITES QUOI DANS CES MOMENTS-LÀ ?
QUE C'EST DANS LA TÊTE QUE ÇA SE PASSE.

HUMM...
ET QUE C'EST DE PLUS EN PLUS DUR DE BANDER POUR LES MECS AUJOURD'HUI
OUI C'EST LE CAS DE LE DIRE...
POURQUOI AUJOURD'HUI PLUS QU'HIER ?
PARCE QU'ON VOUS COUPE LES COUILLES.
ON L'A MÉRITÉ EN MÊME TEMPS...

LES MECS OUI PAS FORCÉMENT VOUS.
MAIS ON PEUT BANDER MÊME SANS COUILLES.
SANS COUILLES PAS DE PLAISIR.
QUI VOUS A COUPÉ LES VÔTRES ?
JE NE SAIS PAS.

QUELQUES JOURS PLUS TARD

RRRR...
TOUT TOURNE AUTOUR DU CUL DANS CE PAYS.
COMMENT ON VA BAISER, COMMENT ON BAISE.
COMMENT ON BAISAIT.
ZZZZ...
C'EST TRÈS FRANÇAIS.
RRRR...
ON EST UN PEUPLE DE LAPINS.
MAIS DES LAPINS DÉPRESSIFS.
SÛREMENT PARCE QU'ON BAISE TROP.
ON N'EST PAS SUFFISAMMENT FRUSTRÉS...
...ET AU FINAL ON DÉPRIME PARCE QUE TOUT EST POSSIBLE.

JE M'ÉTAIS PROMIS D'ARRÊTER LA CLOPE... J'EN SUIS À MA HUITIÈME EN 30MN... T'ES UN PUTAIN DE LÂCHE JEAN-LUC.

TIENS ? BONJOUR !
BONJOUR.
VOUS VOUS SOUVENEZ DE MOI ?

VOUS ME SUIVEZ ?
NON. JE ME SUIS ARRÊTÉ LÀ PAR HASARD.
IL FALLAIT QUE JE LE FASSE PARLER.
VOUS POUVEZ TENIR MON CHIEN ?
J'AI OUBLIÉ UN TRUC CHEZ MOI.
OUI, D'ACCORD.

IL S'APPELLE COMMENT ?
BONAPARTE.
SALUT BONAPARTE.
TU ME FAIS PLUS PENSER À UNE BONNE SŒUR QU'À UN GÉNÉRAL D'EMPIRE.

ET MERDE...
ELLE VA CROIRE QUE JE ME TIRE AVEC TOI.
DÉJÀ QU'ELLE PENSE QUE JE LA SUIS.
VOUS ALLEZ LAISSER ÇA COMME ÇA ?
C'EST À DIRE ?
LA DÉJECTION DE VOTRE CHIEN ?
C'EST PAS MON CHIEN.

POURTANT VOUS LE TENEZ EN LAISSE.
C'EST CELUI D'UNE DAME QUI VIT DANS UN IMMEUBLE UN PEU PLUS HAUT...
... ELLE M'A DEMANDÉ DE LE GARDER LE TEMPS QU'ELLE RÉCUPÈRE UN TRUC CHEZ ELLE.
MAIS VOUS ALLEZ RAMASSER ?
RAMASSER ?
BEN J'AI RIEN POUR RAMASSER.
ET VOUS N'AVEZ RIEN SUR VOUS ?
JE ME PROMÈNE RAREMENT AVEC DES SACS À MERDE POUR CHIENS SUR MOI...
...SACHANT QUE JE N'AI PAS DE CHIEN.

VOUS SAVEZ QUE VOUS ÊTES PASSIBLE D'UNE AMENDE DE 150 EUROS ET D'UNE PEINE DE 6 MOIS D'EMPRISONNEMENT.
EN MÊME TEMPS LE MEC QUI FAIT DE LA TAULE PARCE QU'IL A LAISSÉ SON CHIEN CHIER DANS LA RUE : C'EST UN MULTI-RÉCIDIVISTE.

ON Y RETOURNE ?

HEY !
J'AI BESOIN DE VOUS !

HEUREUSEMENT QUE VOUS NE VIVEZ PAS AU 5ÈME ÉTAGE.
QUAND J'AI CLAQUÉ LA PORTE JE ME SUIS RENDUE COMPTE QUE LE CLÉ ÉTAIT RESTÉE DEDANS.

FAITES GAFFE À MA LAVANDE !
ELLE EST OÙ VOTRE LAVANDE ?
ÇA VA ?
ÇA VA…

C'EST PAS MAL CHEZ VOUS.
VOUS AVEZ FOUILLÉ ?
NON. JE N'AI PAS EU LE TEMPS.
JE VOUS OFFRE QUELQUE CHOSE À BOIRE ?
OK.

VOUS BUVEZ QUOI ?
VOUS AVEZ UNE BIÈRE SANS ALCOOL ?
UN FOND DE CHAMPOMY ?
VOUS AVEZ DES ENFANTS ?
DES NEVEUX.
C'ÉTAIT POUR LEUR 7 ANS.

ET AUJOURD'HUI, ILS ONT QUEL ÂGE ?
10 ANS
ÇA VA ALLER.
DU LAIT ?
NON PLUS.
EN REVANCHE JE VEUX BIEN SORTIR BONAPARTE...
...DE TEMPS EN TEMPS...
... SI VOUS VOULEZ ?
AH BON ? VOUS AIMEZ LES CHIENS ?
PAS FORCÉMENT, MAIS AVEC LE VÔTRE, JE ME SENS EN CONNEXION.

AVEC BONAPARTE ?
OUI
OK. ALORS SI J'AI BESOIN DE VOUS : J'ACCROCHE UN RUBAN ROUGE À MON BALCON SUR RUE.
COMME ÇA SI VOUS PASSEZ PAR LÀ : VOUS SAUREZ QUE J'AI BESOIN DE VOUS.
OK ON FAIT ÇA
OK

UN TOUT PETIT PEU PLUS TARD...
MOI, C'EST ALEX.

ALEXANDRE ?

NON, JUSTE ALEX.

AU REVOIR.

JE VOUS APPELLERAI JOSÉPHINE EN ATTENDANT.

ENCORE UN AUTRE JOUR...
MERCI DE ME RECEVOIR.

C'EST LA PREMIÈRE FOIS QUE JE CONSULTE UN SEXOLOGUE.

À SUIVRE...

LE CASTING

- [x] CAROLINE PROUST
- [x] PHILIPPE DUSSEAU
- [x] FLORENCE MAURY
- [x] PIERRE HIESSLER
- [x] EMMANUELLE BODIN
- [x] THIERRY DEGRANDI
- [x] RAPHAELLE LENOBLE
- [x] ALEXANDRE TISSEYRE
- [x] GUILLAUME PRIEUR
- [x] JENNIFER ET RAPHAËL
- [x] TESS BARTHÉLEMY
- [ ] ET MAURICE BARTHÉLEMY (AUSSI)
- [ ] ~~BRADLEY COOPER~~ (PAS DISPO)
  ~~JEAN-PAUL ROUVE~~ (TROP CHER)

L'ÉQUIPE

PHOTO : RAPHAËL CRETON

PRODUCTION, DIRECTION DE COLLECTION, FOURNISSEUSE DE PAINS AU CHOCOLAT ET DE CHAUFFERETTES : LAETITIA LEHMANN

PREMIER ASSISTANT : ALEXANDRE TISSEYRE

MAQUETTE ET TRUCAGES : GUILLAUME PRIEUR

STORYBOARD ET ILLUSTRATIONS : JACK DOMON

REMERCIEMENTS : LE CAFÉ
A LA PLACE SAINT GEORGES.
DELPHINE MANIVET
CAROLINE BRUN
ADAM DE SHAH ET COMPAGNIE
PHILIPPE DUSSEAU
LAETITIA POUR SA RÉGIE
MARGAUX RUSSO
MICHEL ET ELSA LAFON
LACOSTE
LES PULLS MAHOGANY
LES ÉQUIPES DES
ÉDITIONS MICHEL LAFON

Vin au verre
Y'A UNE CHOSE QUI M'INTERPELLE CHEZ TOI.
JE T'ÉCOUTE.
TU AIMES LES GROS SEINS.
J'ADORE !
MAIS EN MÊME TEMPS TU AIMES LES FEMMES MÛRES.
TRÈS MÛRES.

MAIS QUI GÉNÉRALEMENT N'ONT PLUS VRAIMENT DE SEINS.
ET LES FAUX SEINS ?
C'EST MAGNIFIQUE UNE PAIRE DE FAUX SEINS.

OK... TU AIMES TOUT CE QUI EST PROTHÈSE EN FAIT.
EXACTEMENT.

UNE FAUSSE HANCHE ?
J'ADORE...

BRRR...

ERIE
MOI AUSSI MA CHÉRIE, JE N'AI QU'UNE ENVIE C'EST QUE TU ME PRENNES DANS TA BOUCHE.

BRASSERIE
RESTAURANT
SERVICE CONTI
RESTAURANT
SERVICE

Fabrication : Christian Toanen, Nikola Savic

118, avenue Achille-Peretti – CS 70024
92251 Neuilly-sur-Seine Cedex
www.michel-lafon.com

Achevé d'imprimer en Espagne
par Egedsa en mai 2023
Première édition
Dépôt légal : mai 2023
ISBN : 978-2-7499-5444-8
LAF : 3376

MAIS MOI AUSSI T'ATTRAPER CON VÉRANDA. DI
VOUS ÊTES MONSIEUR LEDIEU. JE VOUS ATTENDAIS.
VOUS ALLEZ LAISSER ÇA COMME ÇA ?
C'EST À DIRE
AH NON... MON NOM C'EST PRIMAR. ALEX PRIMAR.
...
NOUS AVIONS RENDEZ-VOUS ?
HEU OUI... JE PENSE.
C'EST PAS MON CHIEN.
QU'EST-CE QUI T'EMPÊCHE DE DIRE C VOUS AVEZ DE DI
ON S'EST EU AU TÉLÉPHONE, IL Y A UNE SEMAINE ET...
VOUS M'AVEZ DIT DE VENIR AUJOURD'HUI.
ALORS POURQUOI VENIR ME VOIR ?
QUOI PLE ?
COMME... COMME...
POUR TROUVER UNE SOLUTION.
ÇA N'IMPLIQUE PAS FORCÉMENT QUE C'EST UN PROBLÈME ET Q J'EN SOUFFRE.
28
HUM... JE VOIS.
SCRUTER...
1 AN ET DEMI. ÇA FAIT 1 AN ET DEMI QUE JE NE BANDE PLUS. ÇA S'EST ARRÊTÉ D'UN COUP.
LA DÉJECTION DE VOTRE CHIEN ?
C'EST PAS MON CHIEN.